QUÉBEC

QUÉBEC

Whitecap Books
Vancouver/Toronto

Texte: Marc Fournier
Révision: Linda Ostrowalker
Conception graphique: Doug Smith
Typographie: CompuType, Vancouver (C.-B.), Canada

Impression et reliure: Friesen Printers, Altona (Manitoba)

Données de catalogage avant publication (Canada)
Fournier, Marc.
    Québec

    Texte en anglais et en français.
    ISBN 1-895099-89-7

    1. Le Québec (Province)—Descriptions et voyages—1981—Vues.   I. Titre.
FC2912.F67   1991   971.4'04'0222   C91-091523-1F
F1052.8.F67   1991

Cover: Le rocher Percé, en Gaspésie *Thomas Kitchin/First Light*

Text by Marc Fournier
Edited by Linda Ostrowalker
Cover and interior design by Doug Smith
Typography by CompuType, Vancouver, B.C., Canada

Printed and bound in Canada by Friesen Printers, Altona, Manitoba

Canadian Cataloguing in Publication Data
Fournier, Marc.
    Québec

    Text in English and French.
    ISBN 1-895099-89-7

    1. Quebec (Province)—Description and travel—1981—Views.   I. Title.
FC2912.F67   1991   971.4'04'0222   C91-091523-1F
F1052.8.F67   1991

Cover: Percé Rock, Gaspé Peninsula *Thomas Kitchin/First Light*

Sommaires

Contents

Hôtel de ville de Montréal.
City Hall, Montreal.

Le Québec

Le Québec a été marqué par de nombreux peuples au cours de son histoire—les Amérindiens et les Inuits, les navigateurs vikings et les pêcheurs basques, et les colonisateurs français et britanniques qui s'y sont affrontés. Seule province canadienne d'expression française, le Québec d'aujourd'hui garde une saveur unique.

La plus grande province du Canada doit une partie de sa vitalité au fleuve Saint-Laurent, voie de navigation qui relie les Grands Lacs à l'océan Atlantique. Sa vallée fertile fut la destination privilégiée des Européens partis à la découverte du Nouveau Monde. Le quart de la population canadienne vit au Québec, qui est une force politique et économique majeure. Héritiers de la Nouvelle-France, les Québécois sont aujourd'hui un peuple bien nord-américain et ils se sont acquis une réputation de bons vivants.

Chutes Monte-à-Peine, Lanaudière.
Monte-à-Peine Falls, Lanaudière.

Quebec

Quebec's development has been influenced throughout its history by many people—the aboriginal Amerindians and Inuits, visiting Viking and Basque fishermen, battling French and British settlers. Present day Quebec has a unique flavour and is the only predominantly francophone province in Canada.

Canada's largest province owes part of its vitality to the St. Lawrence River, a navigation route linking the Great Lakes to the Atlantic Ocean. This fertile river valley was a perfect settling ground for the adventurers who left Europe for the New World. One-quarter of Canada's population lives in Quebec, making it a major political and economic force in this country. The Quebecois, although from European background, are truly North American and are well known for their infectious "joie de vivre."

Promenade en traîneau, Sainte-Anne de la Pérade.
Sleigh ride, Ste-Anne de la Pérade.

Montréal

Établi au pied du mont Royal, l'ancien village amérindien d'Hochelaga servait de quartier-général au commerce des fourrures. Il est à l'origine de Montréal, qui est aujourd'hui le plus grand port intérieur et la troisième ville francophone du monde.

Moderne, dynamique et cosmopolite, Montréal est digne de figurer entre Paris et New-York. Ville hôtesse de nombreux événements internationaux, dont l'Exposition universelle de 1967 (Expo 67) et les Jeux olympiques de 1976, elle organise également un festival de jazz réputé. Mais c'est dans les rues de Montréal qu'on peut réellement sentir battre le cœur de la ville aux cents clochers (quatre cents, en fait!). Le Vieux-Montréal, le quartier latin de la rue Saint-Denis, le quartier juif situé aux alentours du boulevard Saint-Laurent, Westmount et ses élégantes demeures victoriennes—une mosaïque colorée de gens et de modes de vie unique à Montréal.

Le centre-ville de Montréal.
Montreal's skyline.

Montréal offre aussi tout un réseau souterrain de galeries et de boutiques qui protège les flâneurs des rigueurs de l'hiver.

Les amateurs de plein air apprécieront la proximité les Laurentides, ses magnifiques lacs, ses sommets et ses vallées paisibles. «La Suisse de l'Est canadien» comprend l'Outaouais et sa dynamique capitale Hull, ainsi que Lanaudière, havre de paix aux portes de la ville.

Montreal

Set at the foot of Mount Royal and originally established as the head-quarters for the fur trade industry, the village of Hochelaga grew into the metropolis of Montreal, the largest interior port and the third-largest French-speaking city in the world.

Modern, dynamic, and cosmpolitan, Montreal could be situated any-where between Paris and New York. The city has hosted such international events as Expo 67 and the Olympic Games in 1976, as well as organizing a world-famous jazz festival. But it is in the community life that one can really get a feel for "the city with a hundred church towers" (there are actu-ally four hundred). Old Montreal, the Latin quarter of rue St. Denis, the Jewish community around boulevard St. Laurent, Westmount with its ele-gant Victorian homes—a mosaic of people and lifestyles that create the unique atmosphere of Montreal.

Another exciting feature of Montreal is its extensive shopping facilities that have been built underground, where shoppers are protected from the rigours of winter.

Outdoor enthusiasts will appreciate the nearby Laurentians, sometimes called the "Switzerland of Eastern Canada." This four-season recreational haven of beautiful lakes, steep mountains, and quiet valleys also encompasses the Outaouais, the city of Hull, and Lanaudlere, a playground of lakes and rivers at the city's doorstep.

Mansardes typiques de ce quartier de Montréal.
Distinctive garrets mark this neighbourhood of Montreal.

Le belvédère de Westmount.
Westmount lookout.

Le pont Jacques-Cartier.
Jacques Cartier bridge.

Montréal le soir.
Evening skyline, Montreal.

Scène d'automne dans les Laurentides.
Autumn scene in the Laurentians.

L'oratoire Saint-Joseph.
St. Joseph oratory.

Intérieur de l'église Notre-Dame.
Inside Notre Dame Church.

Promenade en calèche sur le Mont-Royal.
Horse-drawn carriage on Mont-Royal.

Le stade olympique.
The Olympic Stadium.

La magie du Cirque du soleil.
Cirque du soleil's magic.

Place Jacques-Cartier, Vieux-Montréal.
Place Jacques-Cartier, Old Montreal.

Le Festival international de jazz de Montréal descend dans la rue.
Montreal International Jazz Festival brings music to the street.

Musée canadien des civilisations à Hull.
Canadian Museum of Civilization, Hull.

Beauce-Estrie

Traversées par la chaîne des Appalaches, la Beauce et l'Estrie offrent au monde le sirop d'érable et à la province ses vergers.

La Beauce possède la plus grande érablière d'Amérique du Nord. Instituée par les Amérindiens, la tradition du sirop d'érable a été raffinée par les Beaucerons—un peuple fier de ses racines, et de son sirop.

Au sud, se trouve l'Estrie (Cantons de l'Est), région peuplée en 1776 par les Royalistes, qui fuyaient la révolution américaine. C'est pourquoi, contrairement au reste de la province, cette région agricole est découpée en champs larges, à l'anglaise. Écrivains, musiciens et acteurs fréquentent l'Estrie en été; tandis qu'en hiver, les skieurs prennent d'assaut les montagnes environnantes.

À Sherbrooke, l'architecture victorienne des quartiers résidentiels souligne la quiétude toute britannique de la ville. Centre économique important, Sherbrooke possède aussi une vie culturelle dynamique à laquelle contribuent

Feuilles d'automne, lac Brome.
Autumn leaves, Brome Lake.

son université, son orchestre symphonique et plusieurs troupes de théâtre.

En 1837, la vallée du Richelieu fut le théâtre de sanglants affrontements entre les Patriotes, réformistes francophones du Bas-Canada, et l'*establishment* de souche britannique. Aujourd'hui, la Montérégie est une région fertile, réputée pour ses pommes et son cidre. Malgré les rigueurs hivernales, les habitants de la région ont entrepris une nouvelle aventure: la viticulture.

Beauce and the Eastern Townships

Crossed by the Appalachian Mountains, the Beauce and the Eastern Townships gave maple syrup to the world and orchards to the province.

The Beauce possesses the largest maple forest in North America. First discovered by the Amerindians, the tradition of boiling maple sap has been refined by the Beaucerons, a loquacious group of people proud of their roots and their maple syrup.

To the south lie the Eastern Townships, originally settled in 1776 by Royalists fleeing the American Revolution. An agricultural region, the fields are large, in the English tradition. Writers, musicians, and actors frequent the Eastern Townships during the summer months, while skiers take the surrounding mountains by storm in the winter.

The city of Sherbrooke exudes a quiet British atmosphere enhanced by the Victorian architecture of the downtown residential core. Besides being an important commercial centre, the city has a strong cultural life centred around its university, its symphony orchestra, and numerous theatre companies.

In 1837, the Richelieu valley was the scene of bloody battles between the "Patriotes"—francophone reformists from Lower Canada—and the British-rooted establishment. Now, the Monteregie, which owes its fertility to the Richelieu River, is famous for its apples and cider and, despite the harsh winter conditions, the region's residents have taken on the new challenge of wine-making.

Les célèbres vergers de Rougemont.
Rougemont's famous apple orchards.

L'arrivée du printemps à Knowlton.
Spring comes to Knowlton.

Pâturage dans les Cantons.
Pasture in the townships.

Rendez-vous à North Hatley.
One of North Hatley's famous spots.

Tableau champêtre d'automne.
Pastoral scene in autumn.

Cueillette traditionnelle de la sève d'érable.
The old way of gathering maple syrup.

Le lac Memphremagog.
Lake Memphremagog.

Gaspésie –
Bas-Saint-Laurent

C'est avec le débarquement de Jacques Cartier en 1534, dans la baie de Gaspé, que commence l'histoire du Québec. Peuplée par les MicMacs qui l'appelaient «gaspey»—l'endroit où finit la terre, la péninsule gaspésienne offre des paysages grandioses. Vieille de 600 millions d'années et façonnée par quatre glaciations successives, la Gaspésie est bordée de falaises rouges battues par le vent et la mer. C'est là que se trouve le célèbre rocher Percé, de dimensions exceptionnelles. Au large, l'île Bonaventure est le sanctuaire de quelque 50 000 fous de Bassan.

La route qui encercle la Gaspésie offre un incroyable panorama où mer et terre se confondent. Elle traverse de nombreux petits villages de pêcheurs, le parc national de Forillon près de Gaspé, et le parc de la Gaspésie, situé

Un des nombreux phares de la côte.
One of the many lighthouses along the coast.

parmi les monts Chic-Chocs.

La rivière Matapédia, connue pour ses rapides et ses saumons, est la frontière naturelle entre la Gaspésie et le Bas-Saint-Laurent. Ce coin de pays pittoresque reste fidèle à sa vocation agricole, comme en témoignent les fermes en pierre grise de jadis. Mais c'est encore le Saint-Laurent qui donne à la région son cachet particulier. Les digues de sable—appelées «aboiteaux»—de Kamouraska sont aussi célèbres que le village immortalisé par Anne Hébert. Les chutes de Rivière-du-Loup, le village de Cacouna et le spectaculaire Parc du Bic viennent parfaire ce magnifique tableau.

Gaspé Peninsula/ Lower St. Lawrence

Quebec's modern history began in 1534 when Jacques Cartier set foot on land at the mouth of the St. Lawrence River. The MicMac Indians called the area "Gaspey" meaning "where the land stops." The Gaspé Peninsula is 600 million years old and has been shaped by four successive glaciations. It is lined with red cliffs carved by the wind and the sea. Here you will find the famous Rocher Perce, and Bonaventure Island, where fifty thousand Fous de Bassan find sanctuary every year.

Incredible panoramic views of the ocean and the land blending together as one are available to anyone who travels the road that circles the Gaspé Peninsula. This route also takes travellers through numerous tiny coastal fishing villages, the Forillon National Park near Gaspé, and the wildlife reserve of Gaspesie Park in the Chic-Chocs Mountains.

The Matapedia River, famous for its numerous rapids and its salmon, forms a natural divide between the Gaspé Peninsula and the Lower St. Lawrence. The picturesque river valley of the Matapedia remains primarily an agricultural area where one can still see many of the gray stone farm buildings of yesteryear.

But the region's special appeal is, again, provided by the St. Lawrence River. The sand dikes (called "aboiteaux") of Kamouraska are as famous as the village itself, immortalized as it was by writer Anne Hebert. The Riviere-du-Loup waterfalls, the village of Cacouna, and the spectacular Parc du Bic complete an impressive picture.

Rimouski, coucher de soleil sur le Saint-Laurent.
Sunset on the St. Lawrence River at Rimouski.

Anse-Blanchette, parc national de Forillon.
Anse-Blanchette, Forillon National Park.

Le magnifique littoral de la Gaspésie.
The magnificent Gaspèsie coast.

Une des innombrables plages des Îles-de-la-Madeleine.
Old Harry Beach, Madeleine Islands.

Le parc de la Gaspésie en hiver.
Winter in the Gaspèsie Provincial Park.

Le rocher Percé, en Gaspésie.
Percé Rock, Gaspé Peninsula.

Près de Cap-Chat.
Near Cap Chat.

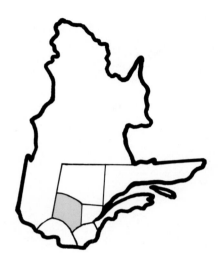

Le Cœur du Québec

Le Cœur du Québec bat des deux côtés du Saint-Laurent, entre Montréal et Québec. Souvent parcourue trop hâtivement par le voyageur pressé de relier les deux villes, la région renferme de merveilleux trésors historiques.

Sur la rive-nord, le parc national de la Mauricie évoque l'épopée des coureurs des bois. Il est traversé par la rivière Saint-Maurice, rendue célèbre par le flottage du bois. Des millions de billes de bois (la pitoune) descendent son cours jusqu'à Trois-Rivières, la capitale mondiale du papier journal. C'est également là que naquit l'industrie sidérurgique canadienne avec l'établissement des Forges de Saint-Maurice en 1730. Les origines de la ville remontent à 1634. On peut encore y admirer de nombreux exemples d'architecture caractéristique de la Nouvelle-France du 18e siècle.

Sur l'autre rive de la rivière Saint-Maurice, en face de Trois-Rivières, se trouvent le Cap de la Madeleine et la basilique Notre-Dame-du-Cap, célèbre lieu de pèlerinage également prisé pour ses orgues et ses vitraux.

Encore une fournée.
Baking bread the old way.

La rive-sud est une destination appréciée par tous les amateurs d'histoire. À Drummondville, le Village québécois d'antan recrée la vie des pionniers du 19ᵉ siècle. Cette vallée qui s'étend entre les Appalaches et le Saint-Laurent porte encore la marque des tribus amérindiennes qui vivaient dans la région avant l'arrivée des Européens.

The Heart of Quebec

The heart of Quebec beats on both sides of the St. Lawrence River between Montreal and Quebec City. Often bypassed by the traveller in a hurry to link the two cities, this region is filled with historical treasures.

On the north shore can be found La Mauricie National Park, domain of the coureur des bois (mountain men), and the St. Maurice River, which has always been famous as a log-floating route. Millions of logs travel down the St. Maurice to Trois-Rivieres, the newsprint capital of the world. Trois-Rivieres is recognized as the birthplace of Canada's iron and steel industry with the establishment of Les Forges-du-St-Maurice in 1730. The city itself was founded in 1634 and still displays many buildings in the architectural style that flourished in eighteenth-century Nouvelle-France.

Across the St. Maurice River from Trois-Rivieres is Cap-de-la-Madeleine where the Notre-Dame-du-Cap basilica stands. This basilica, world-famous for its organ and stained-glass windows, attracts thousands of pilgrims every year.

The south shore remains an important destination for anyone interested in Quebec's history. In Drummondville, the Village Quebecois d'Antan recreates the life of nineteenth-century settlers. Traces of the Amerindian tribes who lived in the area before the arrival of the Europeans can still be found in this valley stretching between the Appalachian Mountains and the St. Lawrence River.

Sainte-Anne de la Pérade, pêche au clair de lune.
Fishing under the moon (and the eye of God) in Ste. Anne de la
Pérade.

Le lac Wapizagonke, au parc national de la Mauricie.
Wapizagonke Lake, Mauricie National Park.

Feuille d'érable entre ciel et terre.
Fallen maple leaf.

La fertile vallée du Saint-Laurent.
The fertile St. Lawrence Valley.

Vivre à l'ancienne.
Living the old-fashioned way.

Québec

Fondée en 1608 par Samuel de Champlain, la ville doit son nom aux Algonquins, «Kebek» signifiant «là où la rivière se rétrécit».

Québec est la seule ville nord-américaine que l'UNESCO a déclarée «Trésor du patrimoine mondial». Avec ses vieilles maisons de pierre, ses toits vert-de-gris et ses ruelles pittoresques, Québec possède le charme nostalgique de l'Europe ancienne. Dominant le cap Diamant, la capitale de la province accueille les nombreux touristes qui viennent admirer la seule ville fortifiée du continent.

Le château Frontenac, la Citadelle, les nombreuses Portes, les églises, et la Basse-Ville, qui fut restaurée en 1978, témoignent d'un riche héritage culturel. Les Plaines d'Abraham évoquent aujourd'hui la capitulation qui changea le cours de l'histoire canadienne.

Mais pour comprendre ce que fut la Nouvelle-France, rien ne vaut le tour de l'île chanté par Félix Leclerc, le grand poète et héros national

Le château Frontenac surplombant la Basse-Ville.
The Chateau Frontenac overlooking downtown.

québécois. Située en aval de Québec, dans le Saint-Laurent, l'île d'Orléans est célèbre pour ses maisons en pierres des champs et ses églises.

«Réserve mondiale de la biosphère» également honorée par l'UNESCO, le Charlevoix, au nord-est du Québec, est une région d'une extraordinaire beauté. Constitués d'une séries de superbes baies et gorges, de vallées et de forêts luxuriantes, ses paysages ont inspiré les artistes du monde entier.

Quebec City

Founded in 1608 by Samuel de Champlain, the name Quebec was derived from the Algonquian "Kebek" meaning "where the river becomes narrower."

The only city in North America to be declared a "world heritage treasure" by UNESCO, Quebec City's old stone houses, copper-coloured roofs, and narrow, winding streets exude the nostalgic charm of old European cities. Perched atop Cap Diamant, this capital city of the province welcomes the many tourists who are drawn by the unique attractions of the only fortified city on the continent.

Legacies of a rich cultural heritage can be found in the Chateau Frontenac, the Citadel, numerous gates, churches, and museums throughout the city, and the Basse Ville (lower town), which was restored in 1978. The Battle of 1759 was fought on the Plains of Abraham, now a commemorative park honouring this battle which changed the course of Canadian history.

To truly understand what it was like to live in Nouvelle-France, one should visit l'Ile d'Orleans, an island that seems frozen in time, found in the middle of the St. Lawrence River. The traditional stone architecture of its houses and churches was a great inspiration to Quebec's national hero, poet Felix Leclerc.

Also honoured by UNESCO as "world reserve of the biosphere," the Charlevoix, northeast of Quebec City, is a land of stunning beauty. This area of bays, gorges, and luxuriant valleys and forests has inspired artists from all over the world.

Charme hivernal de Québec.
The winter charm of Quebec City.

La populaire rue Sainte-Anne.
The lively rue Ste-Anne.

Promenade en calèche dans le Vieux-Québec.
Horse-drawn carriage in old Quebec.

La porte Saint-Louis.
St. Louis Gate.

Le Bonhomme Carnaval.
Le Bonhomme Carnaval.

Bel exemple d'architecture.
Fine stonework characteristic of the city's architecture.

*La beauté naturelle de la rivière Malbaie, dans le parc
régional des Hautes-Gorges.*
*The natural beauty of the Malbaie River in Hautes Gorges
Regional Park.*

Beauté pastorale de la région de Charlevoix.
The pastoral beauty of the Charlevoix District.

Vieille ferme au bord du majestueux Saint-Laurent.
Old farmhouse by the mighty St. Lawrence.

Saguenay - Lac-Saint-Jean

Le Saguenay - Lac-Saint-Jean, ses habitants ne manqueront pas de vous le rappeler, est en fait deux régions bien distinctes. Le lac Saint-Jean est relié au Saint-Laurent par la rivière Saguenay. L'atmosphère paisible des hameaux riverains contraste avec la puissance du Saguenay, qui alimente les usines de pâtes et papier, et d'aluminium.

Le région est réputée pour la chaleureuse hospitalité de ses habitants et sa gastronomie. Pays du bleuet, mot qui désigne à la fois le fruit et les habitants d'ici, le Lac-Saint-Jean est aussi le pays de *Maria Chapdelaine,* l'héroïne de Louis Hémon. Tout comme les colons, les coureurs des bois, les bûcherons et les Montagnais du royaume de Sakini, ce personnage appartient à la légende québécoise. Et ces derniers revivent à Péribonka, au village fantôme de Val-Jalbert et dans la réserve de Mashteuiatsh.

Entre Sainte-Rose-du-Nord et Tadoussac, où la rivière Saguenay se jette

La marina de Tadoussac à l'embouchure du Saguenay.
Tadoussac's marina at the mouth of the Saguenay River.

dans le Saint-Laurent, le parc du Saguenay s'étend de chaque côté du mystérieux et majestueux fjord Saguenay.

En amont, se trouve Chicoutimi, capitale de la région, enchâssée dans ce paysage de promontoires et de caps nommés Éternité, Trinité. La ville possède une des plus belles collections d'art amérindien de la province. En février, le carnaval donne l'occasion à chacun de revivre le siècle passé: les dames arborent leurs crinolines et les messieurs les pelisses et hauts-de-forme d'antan.

Saguenay/Lac St. Jean

As the people from the area will tell you, the Saguenay and the Lac St. Jean are two distinct regions. The peaceful atmosphere of the villages surrounding Lac St. Jean contrast sharply with the paper mills and aluminum plants built along the shores of the turbulent, electricity-producing Saguenay River which links Lac St. Jean with the St. Lawrence River.

The Lac St. Jean region is famous for its culinary customs and the warm hospitality of its inhabitants. Blueberry country, it is a land of profound and unchanged nature, as Maria Chapdelaine wanted it to remain in the Louis Hemon novel. This character, along with the settlers, the coureurs des bois, the lumberjacks, and the Montagnais Amerindians from Sakini are an integral part of Quebec's history and mythology, and their memory lives on in places like Peribonka, the ghost-town of Val-Jalbert, and on the Mashteui-atsh reserve.

Where the Saguenay River meets the St. Lawrence River between Ste-Rose-du-Nord and Tadoussac, Saguenay Park unfolds on both sides of the fjord.

Upriver, the regional capital of Chicoutimi is set amongst headlands and capes with names like Eternité and Trinité. The city boasts one of the province's finest collections of Amerindian craftwork. An annual carnival held in February sees locals portray life as it was a hundred years ago— women wear crinoline petticoats, while the men sport their grandfathers' garments and top hats.

Chute d'eau dans le parc du Saguenay.
A Saguenay Park waterfall.

Trois conifères dans une forêt de bouleaux.
Three evergreens in a silver birch forest.

En canot sur la rivière du Nord.
Canoeing on the North River.

Traîneau tiré par des chiens sur le lac Saint-Jean.
Dogsledding on Lac St-Jean.

Famille crie près du lac Mistassini.
Cree family near Mistassini Lake.

Un des derniers ponts couverts de la région du Saguenay.
One of the few covered bridges left in the Saguenay area.

Vieux moulin de pâtes et papier à Val-Jalbert.
Abandoned pulp and paper mill in Val Jalbert.

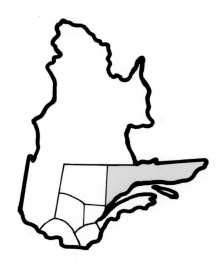

La Côte Nord

La Côte Nord est cet immense pays qui s'étire entre la rivière Saguenay et le détroit de Belle-Isle sur le rive nord du Saint-Laurent.

Les pêcheurs vikings, puis basques fréquentèrent souvent ses côtes avant que les Français n'y établissent leurs premiers postes de traite avec les Amérindiens. Aujour'hui, ses forêts, ses richesses minérales et le complexe hydro-électrique Manic-Outardes font de la Côte Nord une des régions économiques les plus importantes du Québec.

Sept-Îles, ainsi baptisée par Jacques Cartier, est le principal port de la région. Une ligne de chemin de fer la relie à Schefferville, d'où l'on extrait d'énormes quantités de minerai de fer qui sont acheminées à l'usine de transformation, puis expédiées aux quatre coins du monde.

À partir de Havre-Saint-Pierre, c'est en bateau qu'il faut explorer le littoral et accoster dans les villages aux noms poétiques: Natashquan, Kegaska, La Tabatière, Blanc-Sablon... Sillonnez l'archipel de Mingan, quarante

Grand soleil sur Natashquan.
Bright sunlight over the village of Natashquan.

îles et îlots sculptés par le vent et la mer, refuges de nombreuses espèces d'oiseaux et de créatures marines. Mettez le cap sur l'île d'Anticosti, ancien domaine du chocolatier français Henri Meunier, aujourd'hui paradis des pêcheurs et des chasseurs.

Tout le long de la côte, quelques-uns des phares les plus anciens du Québec rappellent les nombreux naufrages d'antan. Selon Jacques Cousteau, la région est un endroit de choix pour l'exploration sous-marine.

The North Coast

The North Coast stretches out between the Saguenay River and the Strait of Belle Isle on the north bank of the St. Lawrence River.

Viking and Basque fishermen were frequent visitors to these shores long before the French established their first trading posts with the Amerindians. Today, the richness of its soils and forests, along with the Manic-Outardes hydro-electric complex, make the North Coast one of Quebec's most important economic regions.

The city of Sept-Iles, named by Jacques Cartier, is the North Coast's most important port. Iron ore is mined and processed in Shefferville and transported by rail to Sept-Iles. From Sept-Îles it is shipped to other major ports around the world.

From Havre-St-Pierre, boats can be used to explore the rest of the North Coast. Here, one will discover villages with names tinged with poetry—Natashquan, Kegaska, La Tabatiere, Blanc-Sablon. Cut across the Mingan Archipelago—forty islands and islets carved by the action of wind and waves, alive with birds and sea mammals. Or head for Anticosti Island, previously the home of Henri Menier, the French chocolate maker, now a haven for hunters and fishermen.

Some of Quebec's oldest lighthouses are found along the North Coast, reminding us that in the past many ships sank in this area. According to oceanographer Cousteau, some of the world's best diving locations can also be found here.

La fougue de la rivière Manicouagan.
The power of the Manicouagan River.

Le paisible village des Escoumins.
The peaceful fishing village of les Escoumins.

Sept-Îles, la baie et la ville au crépuscule.
Sept-Îles, the bay and the city at dusk.

*La nature à l'oeuvre sur l'île Niapiskau de l'archipel
Mingan.*
Nature's work on Niapiskau Island on the Mingan archipelago.

L'automne sur la Côte Nord.
Fall touches the North Coast.

Le Grand Nord

Territoire des Amérindiens et des Inuits, du phoque et du caribou, le Grand Nord québécois demeure, malgré le gigantisme des complexes hydro-électriques de la baie James, une terre de légendes et d'aventures.

Partis à la recherche d'une baie du nord, Radisson et De Groseillers furent parmi les premiers Européens à s'aventurer dans cette toundra émaillée de lacs et de rivières. C'est finalement De Groseillers qui entra dans la baie d'Hudson à bord du navire *Nonsuch*. En 1668, il atteignit le fort Rupert et y établit un important poste de traite de fourrures.

La découverte d'or en 1911 fit se développer la partie la plus méridionale de la région, l'Abitibi-Témiscamingue. En plus de ses gisements d'or, de cuivre et d'argent dont la découverte donna naissance à plusieurs villes (Val-d'Or, Amos et Noranda), la région s'enorgueillit d'une industrie forestière importante. Ses forêts sont aussi le repaire de l'orignal, le plus grand

Belle prise dans un camp de pêche de la baie James.
A nice catch in a fishing camp near James Bay.

des cervidés.

Mais au-delà des mines et des routes s'étendent les neuf dixièmes de la province. Le Grand Nord québécois semble aussi lointain et inexploré que l'Amazonie. En grande partie inaccessible par voie terrestre, le pays des aurores boréales attire désormais une autre race d'aventuriers. Pêcheurs et chasseurs, adeptes du kayak ou de la randonnée en montagne, tous trouvent de quoi satisfaire leur soif de grands espaces vierges.

The Great North

Domain of the Amerindians and the Inuits, the seals and the caribou, Quebec's Great North—in spite of the gigantic James Bay hydro-electric installations—remains a land of legends and adventures.

Radisson and De Groseillers were among the first Europeans to venture into this river- and lake-dotted tundra. They were looking for the "Northern Bay." De Groseillers, aboard the *Nonsuch,* sailed into Hudson Bay and, in 1668, reached Fort Rupert where he established a major fur-trading post.

The discovery of gold in 1911 boosted the development of the Abitibi-Temiscamingue area south of James Bay. Further discoveries of gold, copper, and silver deposits gave birth to such cities as Val d'Or, Amos, and Noranda. In addition to mining, this heavily forested area supports Quebec's extensive wood-products industry.

But beyond the mines and roads lies nine-tenths of the province's land. Quebec's Great North seems as far away as the Amazon, and remains relatively unknown and unexplored. Almost unreachable by land, the "northern lights country" attracts a different type of adventurer. People come here to fish and hunt, to kayak and hike, satisfying their thirst for vast and virgin lands.

Lichens, île Akimiski.
Lichens on rock, Akimiski Island.

Ourse polaire accompagnée de ses oursons.
Female polar bear with cubs near James Bay.

La fabuleuse lumière du Nord.
The north and its magical light.

La fierté d'une famille de Kangiasujuaq.
The pride of a family in Kangiqsujuaq.

Un pays de lacs et de forêts.
''A land of lakes and forests.''

Mai à Kuujuuaq.
May in Kuujuuaq.

Réparation de bateaux près de la baie James.
Making boat repairs near James Bay.

Photo Credits

Tibor Bognár/Reflexion p. 72

Jean Bruneau/First Light pp. 65, 71

Mark Burnham/First Light p. 11

Dave Chapman/Reflexion p. 29

Gera Dillon/First Light p. 9

Barry Dursley/First Light p. 47

Michel Gagné/Reflexion pp. 20, 28, 31

Anne Gardon/Reflexion pp. 59, 60

Michel Gascon pp. 17, 22, 35, 38, 66, 67, 75, 77, 86, 88

Dawn Goss/First Light p. 48

Stephen Homer/First Light pp. 5, 18, 45, 80, 83, 84, 85, 87, 89

Gil Jacques/Reflexion p. 78

Thomas Kitchin/First Light pp. 12, 36, 40, 50, 55

Jerry Kobalenko/First Light pp. 68, 69

Diana Lafleur/First Light pp. 14, 26, 27, 39, 41, 61

John Launois/First Light p. 49

William P. McElligott/First Light p. 21

Perry Mastrovito/Reflexion pp. 2, 15, 19, 25, 30, 56, 62

Devries Mikkelsen/First Light p. 13

Brian Milne/First Light p. 42

Jessie Parker/First Light pp. 1, 70

Ken Straiton/First Light pp. 6, 10, 16, 32, 37, 54, 57, 58, 76, 79

Yves Tessier/Reflexion pp. 46, 53

Ron Watts/First Light p. iii